MEGASTARKE RÄTSEL
DINOSAURIER

Die Lösungen findest du auf den Seiten 86–96!

FAMILIENTREFFEN

Findest du 10 Unterschiede zwischen diesen beiden Bildern?

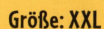

A

Größe: XXL

Dinosaurier sind Urzeit-reptilien. Die ältesten Exemplare lebten vor rund 230 Millionen Jahren auf der Erde. Manche entwickelten sich zu echten Riesen – die größten Lebewesen, die es je gab.

B

DINO-DOKU

Vervollständige das Gitter so, dass jedes der vier Urzeittiere in jeder Reihe, jeder Spalte und jedem Block genau einmal vorkommt.

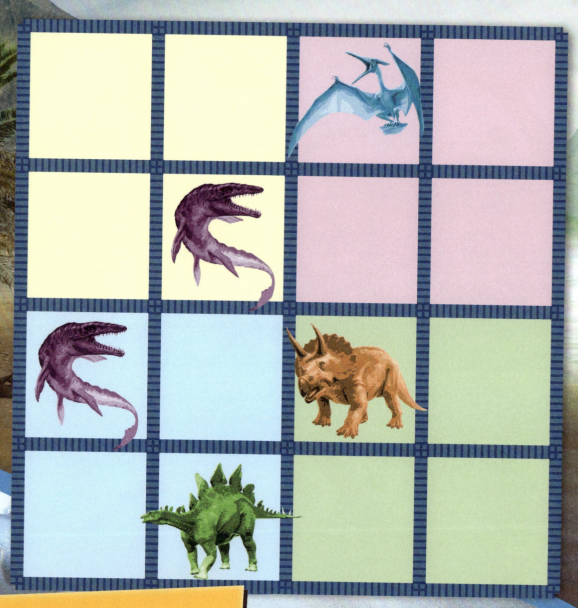

Landtiere

Dinosaurier lebten nur an Land. Sie teilten sich die Erde mit anderen großen Reptilien, die fliegen oder schwimmen konnten.

GEFIEDERTE FREUNDE

Der Caudipteryx war ein vogelartiger Dinosaurier, dessen Knochen in China entdeckt wurden. Welcher Caudipteryx unterscheidet sich hier ein wenig von allen anderen?

Frühe Federn

Neue Fossilienfunde zeigen, dass viele zweibeinige Saurier gefiedert waren. Ihre Nachkommen sind die ...?

Richtig, die heutigen Vögel!

WO GEHT'S LANG?

Führe den Diplodocus durch das Labyrinth zu seinen Eiern, aber umgehe dabei die anderen Dinos.

Start

Es war einmal ...

Der Diplodocus war ein Sauropode, ein großer, vierbeiniger Pflanzenfresser mit langem Hals und Schwanz. Er war im Schnitt 27 m lang – so lang wie ein Basketballfeld.

Ziel

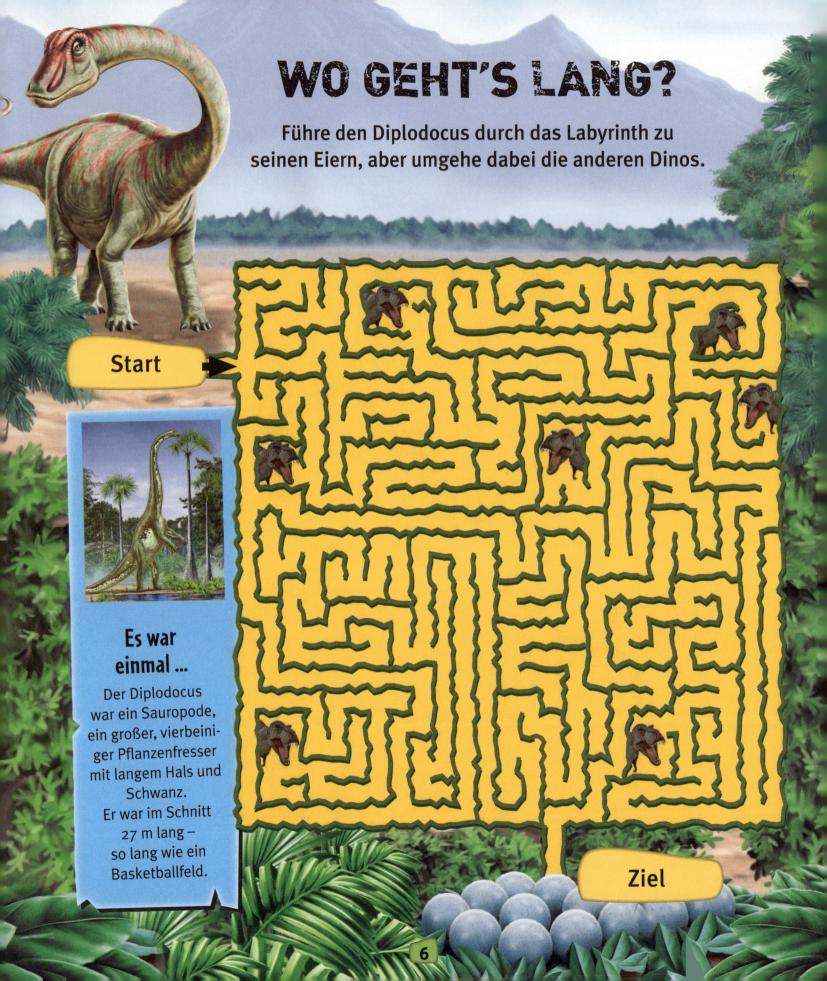

UNHEIMLICHER UMRISS

Welcher Umriss gehört zu diesem fliegenden Urzeitreptil?

1

2

5

6

4

3

7

Supersammler

Das ist Dsungaripterus, ein Pterosaurier oder fliegendes Reptil, mit einer Flügelspannweite von bis zu 3,50 m. Mit seinem ungewöhnlichen Schnabel konnte er gut Schalentiere aufsammeln.

STÜCKWERK

Welcher Ausschnitt passt wohin?

Lockruf

Der Parasaurolophus ist ein Hadrosaurier, ein entenschnabeliger Pflanzenfresser mit auffälligem Kopfschmuck. Vielleicht hat er diesen hohlen Knochenzapfen dazu benutzt, einen trompetenartigen Laut auszustoßen.

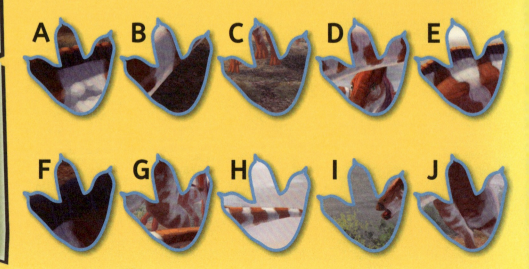

RIESENLABYRINTH

Findest du einen Weg durch das Labyrinth ans Ziel,
ohne einen der zweibeinigen Raubsaurier zu berühren?

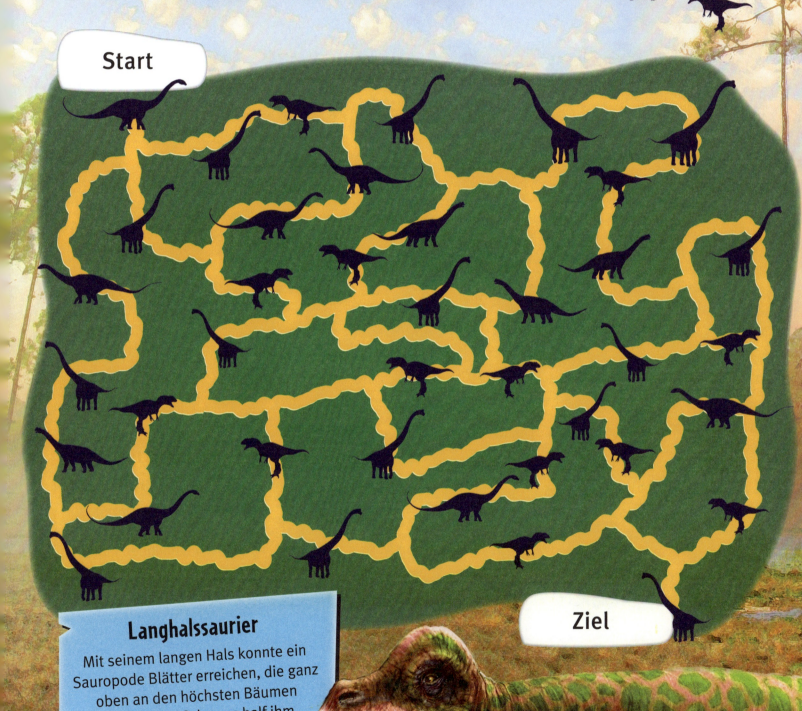

Start

Ziel

Langhalssaurier

Mit seinem langen Hals konnte ein
Sauropode Blätter erreichen, die ganz
oben an den höchsten Bäumen
hingen. Sein Schwanz half ihm,
im Gleichgewicht zu bleiben
und sich zu verteidigen.

LEBEN IM SUMPF

Wohin in dieses Bild eines kreidezeitlichen Sumpfs gehören die vergrößerten Ausschnitte unten?

1

2

3

4

5

6

7

8

9

10

Wärmere Zeiten

Die Kreidezeit begann vor 145 Millionen Jahren. Damals war es wärmer als heute. An den Polen gab es kein Eis. Es war auch die Zeit der schnellen Jäger, wie des Tyrannosaurus Rex auf dem Bild.

KNOCHENKISTE

Wie viele Dino-Knochen zählst
du in diesem Haufen?

Versteinert

Wenn Dinosaurierreste
vergraben sind,
ersetzen Mineralien
im Grundwasser
im Laufe von
Jahrmillionen die
Knochen und
verwandeln sie
in Stein.

DER NÄCHSTE, BITTE!

Welches Urzeittier muss in jeder Reihe als Nächstes kommen?

1

2

3

4

Vor den Dinos

Die Dinosaurier folgten auf frühere Riesenreptilien, die sogenannten Archosaurier. Zu den späteren Archosauriern gehörten Flugsaurier und krokodilartige Tiere.

Wer ist der Nächste?

A B C D

GEPUNKTETER DINO

Verbinde alle Punkte in der Reihenfolge der Zahlen!

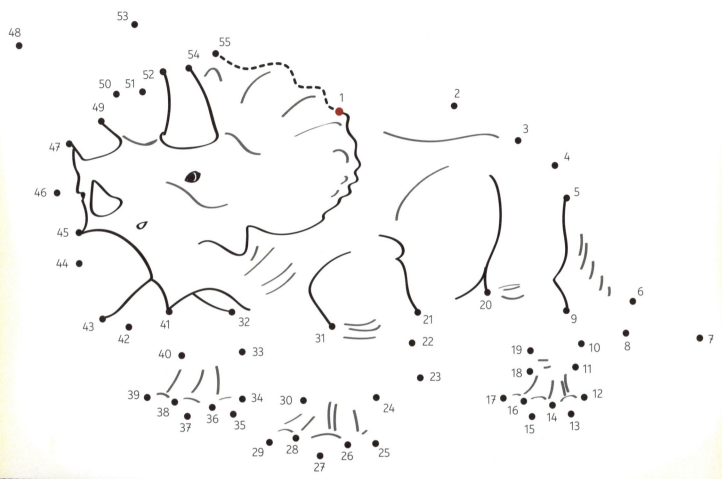

Dreihorn

Der Triceratops war ein Pflanzenfresser mit drei Hörnern und einem Nackenschild um den Kopf. Dieser Schild schützte ihn und sollte wahrscheinlich auch Weibchen anlocken.

13

AUF DEN SPUREN DER RIESEN

Du bist ein kleiner Dino, der versucht, zum Futter zu gelangen.

Start

Folge dem Ankylosaurus – 3 Felder vor!

Eine Diplodocus-Herde kreuzt den Weg. 1x aussetzen!

Du hast dich verletzt. Der nächste Spieler kommt zu dir, um zu helfen!

Folge anderen kleinen Dinos 4 Felder vor!

T-Rex-Gebiet – 5 Felder zurück!

Um die Schlucht zu überqueren, musst du eine 4, 5 oder 6 würfeln!

Flugsaurier über dir! Gehe 4 Felder zurück und suche Schutz!

Nimm den rosa Weg, um dem Kampf zwischen Triceratops und T-Rex auszuweichen!

Mini-Dinos

Nicht alle Dinosaurier waren riesig. Einige waren sehr klein. Der fleischfressende Microraptor war nicht einmal 90 cm lang.

Du gehst durch dichtes Gestrüpp. Noch 1x würfeln!

Würfele noch mal: Bei einer geraden Zahl darfst du die Abkürzung nehmen!

Raubtiere in der Nähe! Schleiche dich vorbei – 3 Felder vor!

1x aussetzen, um zu fressen!

Ein Erdbeben! 3 Felder zurück!

Ein Seeungeheuer! Renne 3 Felder vor!

Raubtiere in der Nähe! Renne 3 Felder vor!

Du hast dich verlaufen. Würfele eine gerade Zahl, um weiterzukommen.

Ziel

Geschafft! Jetzt kannst du die leckeren Eier fressen!

Glühende Hitze. Mache eine Pause! 1x aussetzen!

RÄTSELHAFTE KNOCHEN

Hilf den Dino-Experten, die Knochen zu bestimmen. Folge dazu den Wegen, die jeweils von dem Fossil zu dem Urzeittier führen, zu dem sie gehören.

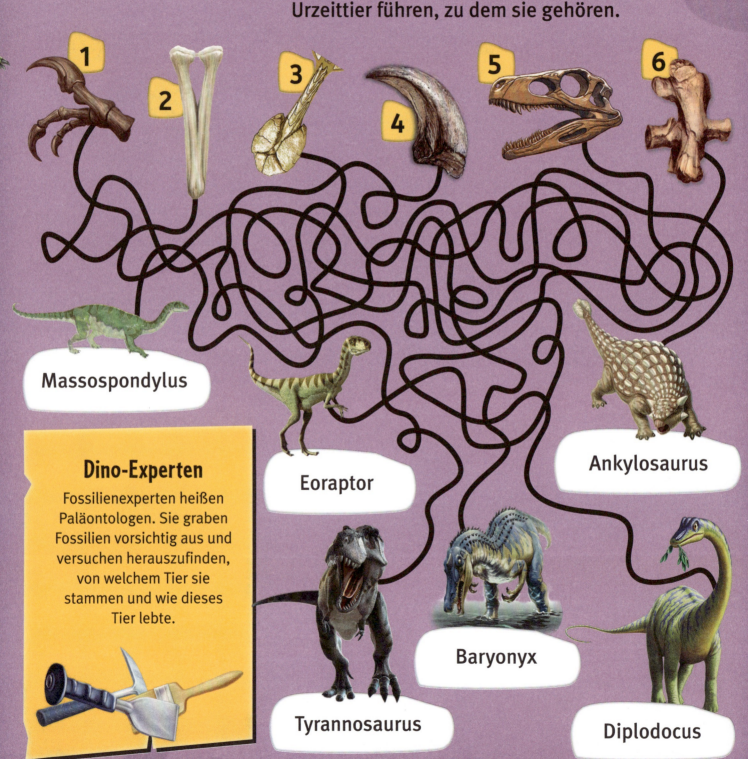

1

2

3

4

5

6

Massospondylus

Dino-Experten

Fossilienexperten heißen Paläontologen. Sie graben Fossilien vorsichtig aus und versuchen herauszufinden, von welchem Tier sie stammen und wie dieses Tier lebte.

Eoraptor

Ankylosaurus

Baryonyx

Tyrannosaurus

Diplodocus

SCHAU GENAU!

Welcher der Schatten unten gehört zu welchem
Dinosaurier auf dem Bild?

1

2

3

4

5

6

7

8

Dino-Herden

Manche Dinosaurier, wie
die Iguanodone, lebten
wie Rinder in Herden und
suchten gemeinsam nach
Pflanzen zum Fressen.

FÜNF FREUNDE

Diese fünf Dinos bleiben immer zusammen. Finde einen Weg vom Startpunkt bis zum Ziel, indem du ihnen in der unten angegebenen Reihenfolge folgst. Du kannst links, rechts, rauf und runter gehen, aber nicht schräg.

Reihenfolge:

Start

Ziel

Abgetrennt

Als die ersten Dinosaurier entstanden, lebten sie auf einem Riesenkontinent namens Pangäa. Als dieser in mehrere Kontinente zerbrach, entwickelten sich die Dinos in den einzelnen Gebieten zu unterschiedlichen Arten.

ZAHLENSPIEL

Welche Zahl kommt auf dem Sauropodenhals jeweils als nächste?

A 20 17 14 11 8 ☐

B 1 2 4 7 11 ☐

C 7 5 8 6 9 ☐

D 2 6 5 9 8 ☐

Weitreichend

Der Diplodocus hatte 15 Halswirbelknochen. Sein Hals war ungefähr dreimal so lang wie der einer Giraffe.

WER BIN ICH?

Ordne diese Urzeittiere den Beschreibungen unten zu.
Zu jeder Aussage gehört genau einer der fünf Namen.

Tarbosaurus

Tropeognathus

Gastonia

Chasmosaurus

Argentinosaurus

Der Größte

Argentinosaurus war eines der längsten und schwersten Landtiere, deren Überreste jemals gefunden wurden. Vom Kopf bis zum Schwanz maß er bis zu 39 m – mehr als ein Tennisplatz. Seine Eier waren größer als eine Kokosnuss.

1 Ich habe keinen langen Hals.

2 Ich habe weder Hörner noch einen langen Schwanz.

3 Ich kann nicht fliegen.

4 Ich habe kurze Arme und laufe auf zwei Beinen.

5 Ich habe lange Stacheln auf meinem Rücken.

DOPPELPACK

Male mithilfe des Rasters den Allosaurus Quadrat für Quadrat ab!

Am Haken

Der Allosaurus war ein mächtiger Räuber mit bis zu 10 cm langen Zähnen. Sie waren hakenartig, damit seine Beute ihm nicht entkommen konnte.

SCHRECKEN DER MEERE

Dieses Unterwasserbild der Jurazeit wurde in 12 Streifen geschnitten und durcheinandergebracht. In welche Reihenfolge gehören die Abschnitte von links nach rechts?

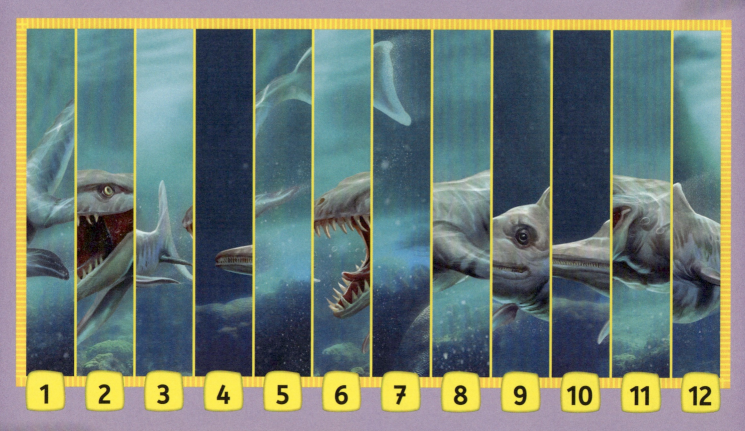

1 2 3 4 5 6 7 8 9 10 11 12

Gefahr in der Tiefe

Das Raubtier auf diesem Bild ist ein Dakosaurus, ein entfernter Verwandter des heutigen Krokodils. Er war ein gefährlicher Meeresjäger mit einem Maul voller Zähne ähnlich wie der Tyrannosaurus Rex.

Die richtige Reihenfolge ist:

4 ⬜⬜⬜⬜⬜⬜⬜⬜⬜⬜⬜

GRÖSSENORDNUNG

Sortiere die Dinos von klein nach groß.

A **B** **C** **D** **E** **F** **G** **H** **I** **J**

am kleinsten   am größten

Dino-Vorfahre

Dies ist ein Postosuchus, ein Vorfahre der Dinosaurier. Er lebte vor 200 Millionen Jahren, in der Zeit, die man Trias nennt.

OBEN UND UNTEN

Finde 10 Unterschiede zwischen dem oberen und dem im Wasser gespiegelten unteren Bild.

Vor langer Zeit

Dinosaurier beherrschten die Erde rund 160 Millionen Jahre – viel länger, als Menschen auf der Erde sind. Die ersten Menschen lebten vor zwei oder drei Millionen Jahren.

GROSSE AUFGABEN

Löse die Rechenaufgaben von links nach rechts.
Die höchste Zahl entspricht dem größten Dinosaurier.

$24 + 3 - 20 - 2 =$

Elasmosaurus

$2 + 20 - 14 - 2 =$

Giganotosaurus

$6 - 3 + 8 + 11 =$

Mosasaurus

$13 + 9 - 2 - 10 =$

Scutellosaurus

$29 - 13 - 2 + 3 =$

Quetzalcoatlus

$15 - 6 - 6 + 2 =$

Amargasaurus

Himmelsriese

Quetzalcoatlus war eines der größten fliegenden Tiere aller Zeiten. Er hatte so weite Flügel wie ein zweisitziges Flugzeug.

FINDE DAS FOSSIL!

Forscher haben vielleicht ein neues Dino-Fossil entdeckt. Um es zu finden, gehe zum Startpunkt und rücke jeweils in Pfeilrichtung um so viele Felder vor, wie auf dem Pfeil steht. Zu welchem Fossil gelangst du?

Start

Drachen

Als in China vor rund 1700 Jahren Fossilien gefunden wurden, hielt man sie für „Drachen-knochen" mit besonderen Heilkräften.

STEGOSAURUS-SCHATTEN

Welcher Schatten gehört zu diesem Stegosaurus?

Stacheln und Platten

Der Stegosaurus war ein Pflanzenfresser mit Stacheln auf dem Schwanz und Knochenplatten auf dem Rücken. Die Stacheln dienten der Verteidigung. Welche Aufgabe die Platten hatten, weiß man nicht genau.

DINO-DURCHEINANDER

Welches Anagramm ist nicht der verdrehte Name
eines dieser fünf Dinosaurier?

Dilophosaurus

Archaeopteryx

RICA ELAPS

ECHO PARTY XERA

PIA SELCAR

MISCH UM USO

SIPO DU LAUSOHR

OPA LUDSIOS UHR

Suchomimus

YACHT OPER EXA

ICH MUSS MUO

DR OTOON

Troodon

Dino-Taufe

Ein neuer Dinosauriername wird
normalerweise vom Entdecker
ausgewählt. Die Namen basieren
oft auf lateinischen oder
altgriechischen Wörtern –
„saurus" für Echse, „ops" für
Gesicht und „raptor" für Räuber.

TOR DONO

Placerias

ECHT RAR OPA EXY

KNOCHENBANK

Du hilfst im Museum aus: Welcher Knochen muss in jeder Reihe jeweils als Nächstes kommen? Unten findest du verschiedene Knochen zur Auswahl.

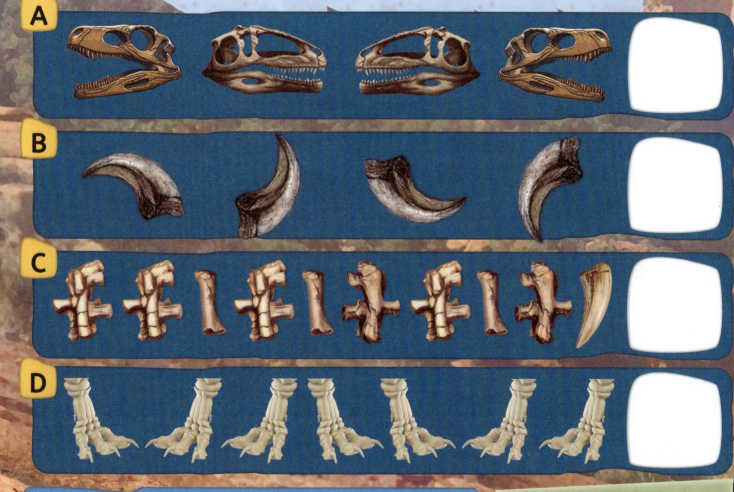

A

B

C

D

Knochen zur Auswahl:

Fossilienfunde

Fossilien werden meistens im Gestein gefunden, aber auch in Schlamm und Schutt. Die häufigsten Dinosaurierfossilien sind Zähne.

PTEROSAURIERPAARE

Findest du die Flugsaurierpaare? Welcher Pterosaurus hat keinen Zwilling?

Flugsaurier

Pterosaurier waren fliegende Reptilien, die zur selben Zeit wie die Dinosaurier lebten. Wie die heutigen Vögel hatten sie leichte, hohle Knochen, aber ihre Flügel waren dehnbare Häute, wie bei Fledermäusen.

DINO-DESIGNER

Entwirf deinen eigenen Dino! Du kannst dafür die Körperteile auf dieser Seite verwenden oder dir eigene ausdenken.

Köpfe

Stachel und Segel

Schwänze

Hände und Füße

Zwei Arten

Es gibt zwei Hauptarten von Dinosauriern – „Vogelbeckensaurier" (Ornithischia) wie den Stegosaurus und „Echsenbeckensaurier" (Saurischia) wie den furchterregenden Tyrannosaurus Rex.

MEERBRÜCKE

Finde einen Weg über das Meer, indem du der schwarzen Linie folgst und dabei immer nur über Felder mit einem dieser beiden Saurier gehst:

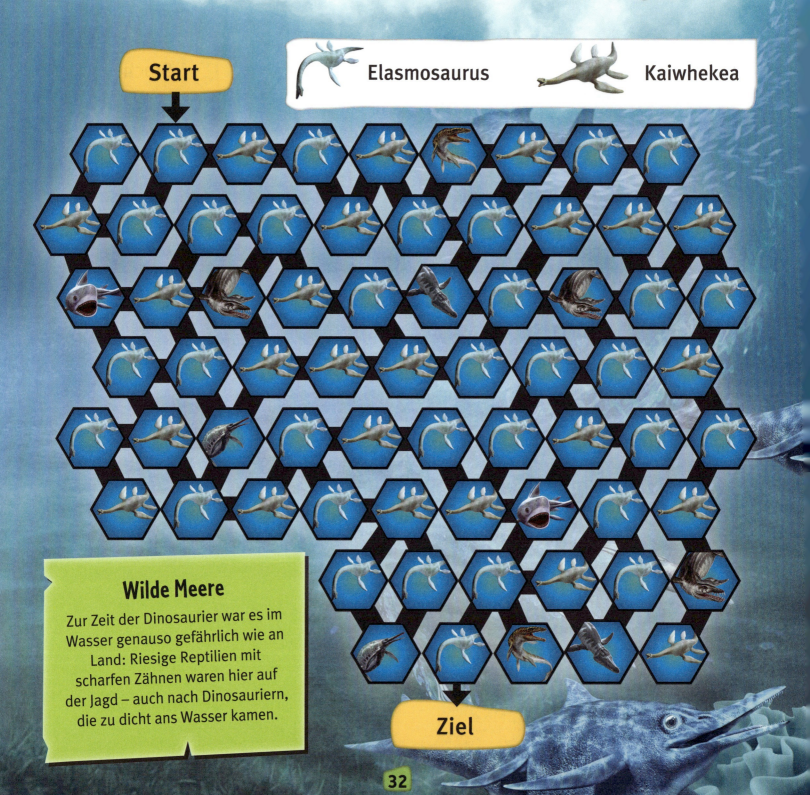

Start

Elasmosaurus   Kaiwhekea

Wilde Meere

Zur Zeit der Dinosaurier war es im Wasser genauso gefährlich wie an Land: Riesige Reptilien mit scharfen Zähnen waren hier auf der Jagd – auch nach Dinosauriern, die zu dicht ans Wasser kamen.

Ziel

MEGA-MÜTTER

Welches Urzeittier hat welche Eier gelegt? Folge den verschlungenen Linien von den Eltern zu den Nestern, um es herauszufinden.

Maiasaura

Protoceratops

Saltasaurus

Oviraptor

Argentinosaurus

Pterodactylus

A

B

C

D

E

F

Eierleger

Dinosaurier legten wie heutige Vögel und Reptilien Eier, manchmal in einer flachen Mulde im Boden, manchmal in richtigen Nestern.

IM DSCHUNGEL

Welche 10 Puzzleteile passen in dieses Bild eines Sinosauropteryx?

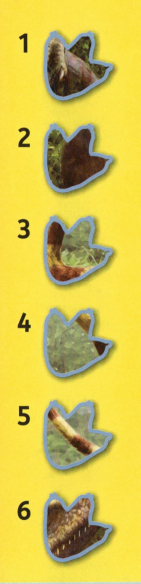

1

2

3

4

5

6

A

B

C

D

E

F

H

G

I

J

7

8

9

10

11

12

Federnfund

Sinosauropteryx, der erste gefiederte Dinosaurier, wurde 1996 in China gefunden. Die Federn auf seinem Rücken und an den Seiten hielten diesen Fleischfresser warm.

13

14

KOPFSCHMUCK

Male diesen Styracosaurus mithilfe des Rasters ab.

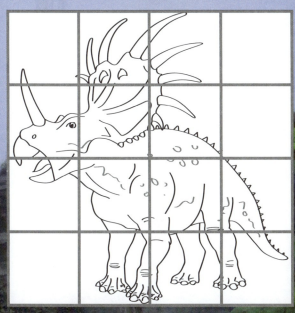

Superstacheln

Der Nackenschild des Styracosaurus hatte bis zu 60 cm lange Stacheln. Er diente wohl eher dazu, Weibchen anzulocken, als sich zu verteidigen.

FOSSILIENPUZZLE

Hilf den Wissenschaftlern, dieses Fossil richtig zusammenzusetzen.
Welches Teil gehört wohin?

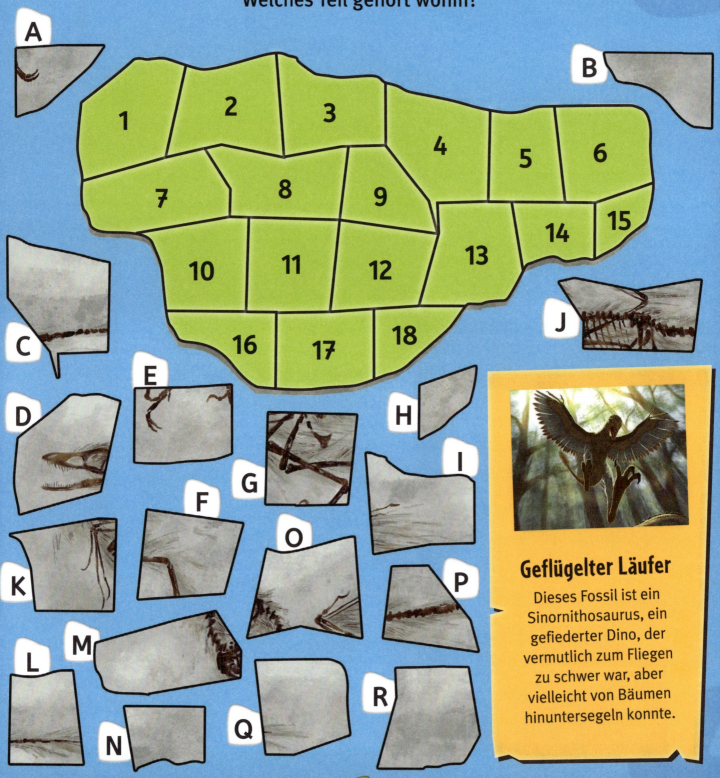

Geflügelter Läufer

Dieses Fossil ist ein Sinornithosaurus, ein gefiederter Dino, der vermutlich zum Fliegen zu schwer war, aber vielleicht von Bäumen hinuntersegeln konnte.

VIER GEWINNT

Findest du diese vier Urzeittiere in derselben
Kombination in dem Dino-Feld wieder?

Gesucht und nicht gefunden

Über 700 verschiedene Dinosaurier sind bekannt,
aber Wissenschaftler glauben, dass es noch
genauso viele unentdeckte Arten gibt.

GESCHNAPPT!

Wie viele Umrisse des Unterwasserraubtiers Shonisaurus zählst du hier?

Tiefseetaucher

Der Shonisaurus war mit seinen bis zu 20 m Länge eines der größten Meeresreptilien aller Zeiten. Wahrscheinlich tauchte er tief im Meer nach Fischen und Kalmaren.

LANGER HALS, LANGER NAME

Wie viele Wörter mit drei oder mehr Buchstaben kannst du aus den Buchstaben dieses Dino-Namens bilden?

Schwergewicht

Dieser riesige Sauropode war so schwer wie 12 Afrikanische Elefanten! Mit seinem langen Hals konnte er doppelt so hohe Zweige erreichen wie eine Giraffe.

Punkte

1–5:
Ein guter Anfang, aber du musst dich noch ein bisschen mehr anstrengen, um die Baumkrone zu erreichen.

6–10:
Du bist schlauer als der durchschnittliche Saurier. Nicht schlecht!

10–15:
Wow! Dein neuer Dinosaurier-name ist Lexikonosaurus!

BRACHIOSAURUS

VERSTECKTER FEIND

Gegen wen kämpft dieser T-Rex?
Entscheide du und vervollständige das Bild!

Echt stark

Tyrannosaurus Rex war zu seiner Zeit, vor 70–65 Millionen Jahren, das gefährlichste Raubtier. Er hatte einen starken Hals, einen großen Kopf und unglaublich kräftige Kiefer, mit denen er seine Beute zerfleischen konnte.

WIEDERENTDECKT

Findest du alle 10 unten abgebildeten Dino-Teile
in dem großen Bild?

Speisepläne

Manche Dinosaurier fraßen Pflanzen, andere Fleisch und wieder andere beides. Experten erkennen das, indem sie die Kieferknochen, die Zähne und den Körper des Dinosauriers untersuchen. Fleischfresser hatten spitze Zähne, um Fleisch aufzuspießen oder zu zerreißen, während Pflanzenfresser Zahnreihen hatten, um Blätter von Pflanzen zu pflücken.

ORIGINAL UND FÄLSCHUNG

Nicht alle Cryolophosaurier-Köpfe sind gleich. Finde heraus, worin sich die Dino-Köpfe A–H jeweils von dem großen Dino-Kopf links unterscheiden.

Kammechse

Der Cryolophosaurus ist ein bemerkenswerter Dinosaurier, der in der Antarktis entdeckt wurde. Er hatte einen ungewöhnlich flachen Knochenkamm über den Augen.

IM MUSEUM

Schaffst du es, jedes Ausstellungsstück in diesem Urzeitmuseum zu besuchen, ohne einen Weg zweimal zu nehmen?

Eingang

Ausgang

Schaustücke

Die riesigen Dinosaurierskelette, die du in Museen siehst, sind oft Kopien. Die Original-Fossilien sind meist zu schwer oder zu zerbrechlich, um sie auszustellen.

ANGRIFF AUS DER LUFT

Verbinde die Punkte in der Reihenfolge der Zahlen, dann erkennst du diesen zähnebleckenden Flugsaurier.

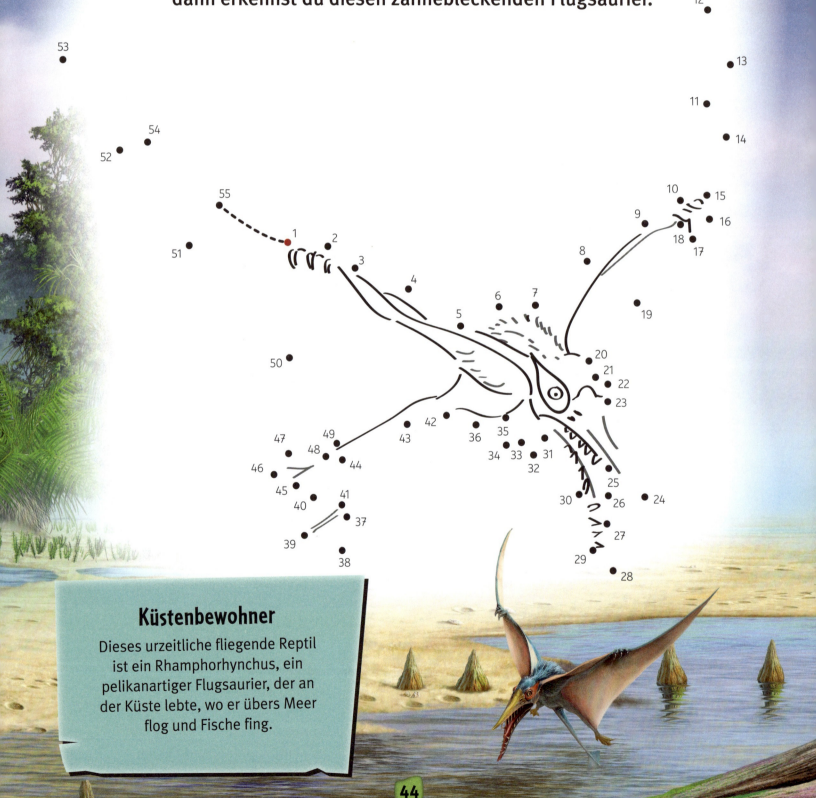

Küstenbewohner

Dieses urzeitliche fliegende Reptil ist ein Rhamphorhynchus, ein pelikanartiger Flugsaurier, der an der Küste lebte, wo er übers Meer flog und Fische fing.

SPURENSUCHE

Diese Paläontologen graben ganz behutsam
ein Fossil aus und machen sich Notizen dazu.
Findest du 10 Unterschiede zwischen den beiden Bildern?

Feinarbeit

Paläontologen sind Experten, die den Fundort eines Fossils auf einer Karte eintragen und die Knochenfunde ausgraben. Um die Fossilien zu schützen, werden sie in Gipsverbände gewickelt, bevor man sie von der Grabungsstelle entfernt und im Labor untersucht.

GEFUNDENES FRESSEN

Führe das hungrige Euoplocephalus-Paar durch die Sandwüste zum knackigen Grünzeug.

Start

Gut gerüstet

Euoplocephalus war ein pflanzenfressender Dino mit Panzer und Stacheln. Er hatte einen Schwanz mit einer schweren knöchernen Keule am Ende, mit der er sich verteidigte.

Ziel

SUDOKU-SAURUS

Vervollständige das Gitter so, dass jeder rote, grüne, orange und blaue Dino in jeder Reihe, jeder Spalte und jedem Block genau einmal vorkommt.

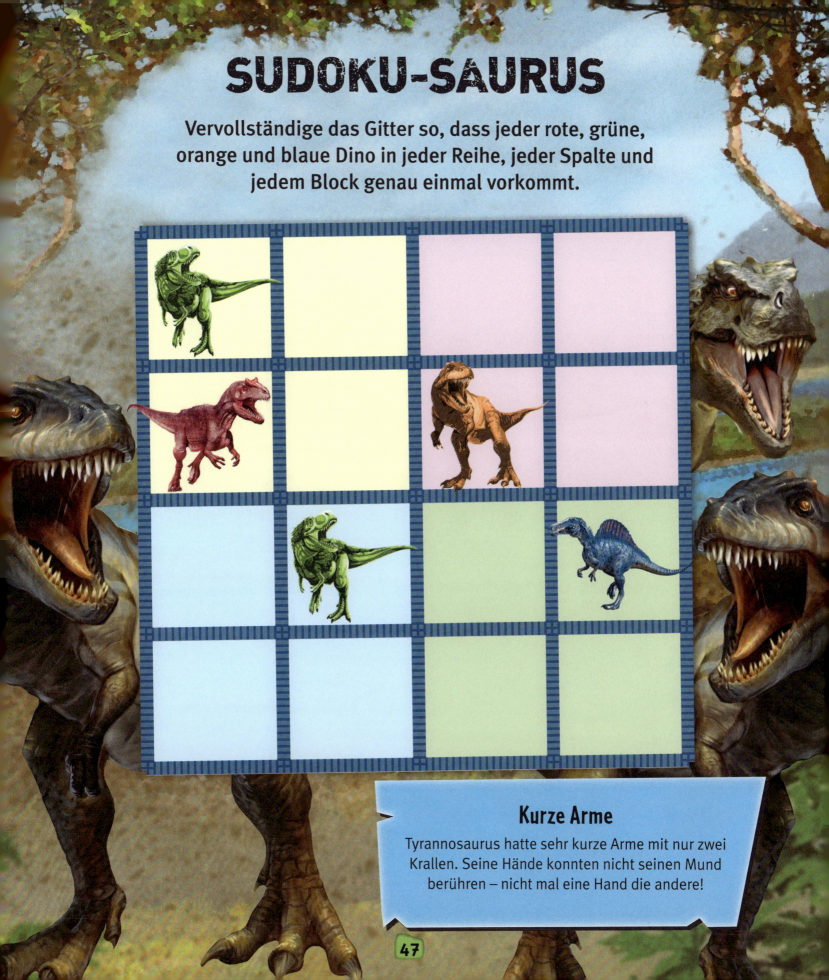

Kurze Arme

Tyrannosaurus hatte sehr kurze Arme mit nur zwei Krallen. Seine Hände konnten nicht seinen Mund berühren – nicht mal eine Hand die andere!

DOPPELTER ÄRGER

Entdeckst du 10 Unterschiede zwischen dem oberen und
dem unteren Bild eines Psittacosaurus?

Schnabeltier

Psittacosaurus
bedeutet
„Papageienechse".
Der ungefähr
wolfsgroße Dino
hatte einen spitzen,
zahnlosen Schnabel
wie ein Papagei
und merkwürdige
Borsten auf seinem
Schwanz.

FÄHRTENLESER

Male den Dinosaurier, der diese Fußstapfen
am Strand hinterlassen hat!

Fußspuren

Manche Fußabdrücke
von Dinosauriern haben
sich über Jahrmillionen
im Gestein erhalten.
Diese Spuren helfen den
Forschern dabei,
herauszufinden,
wie Dinos liefen und
ob sie allein oder in
Herden lebten.

RECHENSPASS

Vervollständige die Zahlenreihen auf den Knochenplatten dieser Dinosaurier.

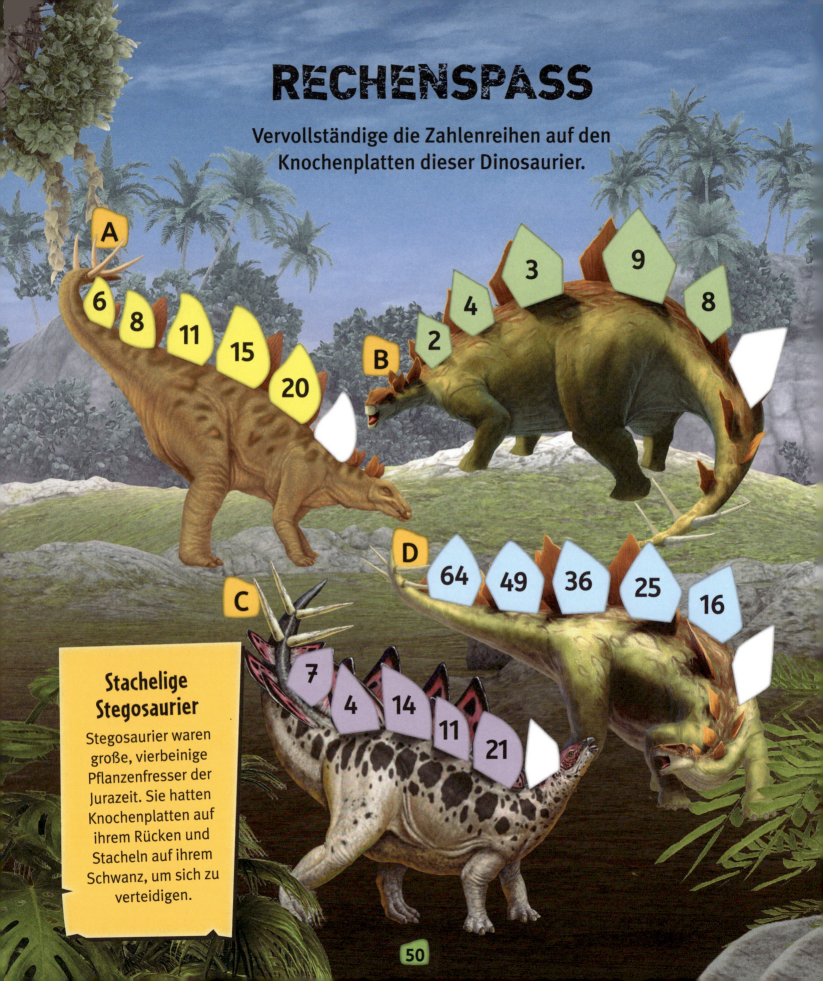

A 6 8 11 15 20

B 2 4 3 9 8

D 64 49 36 25 16

C

Stachelige Stegosaurier

Stegosaurier waren große, vierbeinige Pflanzenfresser der Jurazeit. Sie hatten Knochenplatten auf ihrem Rücken und Stacheln auf ihrem Schwanz, um sich zu verteidigen.

7 4 14 11 21

TESTE DEIN GEDÄCHTNIS!

Hast du ein gutes Gedächtnis? Schau dir eine Minute lang diese Ausrüstung an.
Dann schließe das Buch und versuche, dich an so viele Gegenstände
wie möglich zu erinnern. Du hast 30 Sekunden Zeit!
Vielleicht möchte dein Freund es auch mal probieren?

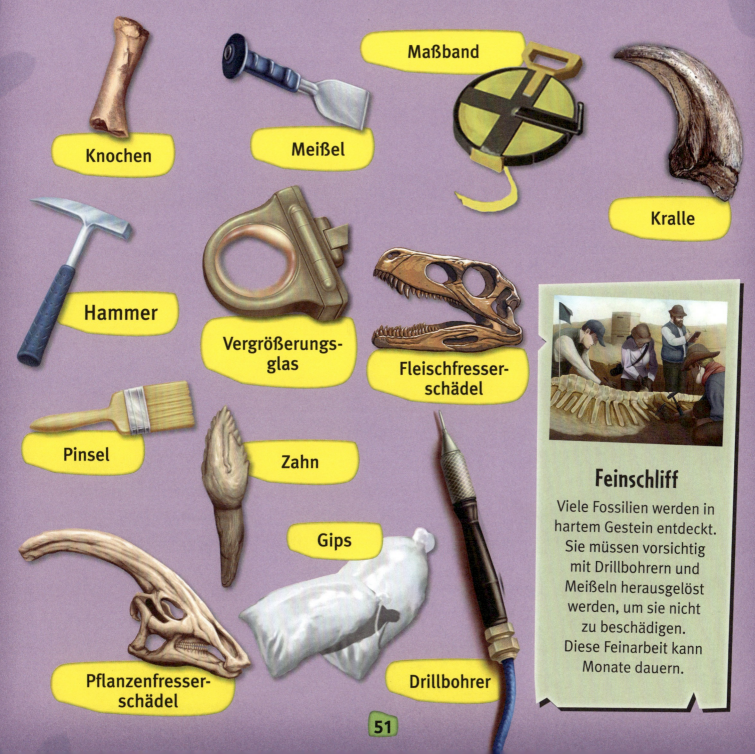

Knochen

Meißel

Maßband

Kralle

Hammer

Vergrößerungs-
glas

Fleischfresser-
schädel

Pinsel

Zahn

Gips

Pflanzenfresser-
schädel

Drillbohrer

Feinschliff

Viele Fossilien werden in
hartem Gestein entdeckt.
Sie müssen vorsichtig
mit Drillbohrern und
Meißeln herausgelöst
werden, um sie nicht
zu beschädigen.
Diese Feinarbeit kann
Monate dauern.

GANZ ODER GAR NICHT

Kannst du den Körper des Tyrannosaurus über sein Skelett malen?

Knochenbrecher

Der Tyrannosaurus hat vermutlich sowohl nach Nahrung gesucht als auch Beutetiere gejagt. Mit seinem starken Gebiss konnte er Knochen und Fleisch zerkleinern und schlucken.

SPITZENPLATZ

Diese gefiederten Dinos versuchen, den höchsten Ast zu erreichen. Hilf ihnen, ganz nach oben zu gelangen, indem du in der Pyramide die fehlenden Zahlen ergänzt.

Urvogel

Archaeopteryx (Archeo-PTEH-rix) war eine frühe Vogelart. Er hatte Krallen an seinen Flügeln und einen knöchernen Schwanz. Möglicherweise konnte er nicht fliegen, sondern nur gleiten.

Die Zahl für jeden Dino entspricht der Summe der beiden Zahlen, auf denen er steht.

7

3 **4**

3 + 4 = 7 usw.

5 **8**

4 **3** **6** **7**

FANTASTISCHER FUND

Wer entdeckt den neuen Dino zuerst? Spiele dieses Spiel mit einem Freund, indem ihr abwechselnd würfelt und mit Münzen oder Spielfiguren um die entsprechende Zahl Felder vorrückt.

Start

Nimm dein Werkzeug und rücke 2 Felder vor!

Du hörst von einem Knochenfund – eile 3 Felder vor!

Du entdeckst nur Hundeknochen. 1x aussetzen!

Dino-Eier gefunden – 3 Felder vor!

Kein bedeutender Fund, nur Knochensplitter. Würfele eine gerade Zahl, um weiterzukommen!

Fossilien sind tief im Gestein. 1x aussetzen!

Dinoschädel entdeckt. Noch 1x würfeln!

Die ersten Proben gehen ins Labor. 2 Felder vor!

Das Team wird krank. Hole Hilfe. Die anderen Spieler rücken 3 Felder vor!

Fossilien sicher geborgen! 2 Felder vor!

Neue Namen

Jedes Jahr werden Dinosaurierfossilien gefunden und dabei im Schnitt alle sieben Wochen eine neue Dinosaurierart entdeckt und benannt. Ganz schön viele Namen, die man sich merken muss!

Einladung zu einer Grabung in Südamerika. Noch 1x würfeln!

Du hast dich verlaufen. 2 Felder zurück!

Probleme mit der Grabungsgenehmigung. 2 Felder zurück!

Fossiliendiebe sind dir zuvorgekommen. 4 Felder zurück!

Arbeit an neuer Fundstelle. 2 Felder vor!

Werkzeug liegen gelassen – 3 Felder zurück!

Das Skelett ist vollständig. 5 Felder vor!

Du wartest auf Ausrüstung. 1x aussetzen!

Vielversprechende Fundstelle. Noch 1x würfeln!

Ziel

Das Fossil ist eindeutig eine neue Art!

Das Fossil ist ein gewöhnlicher Dino. 4 Felder zurück!

Fossilien beim Transport beschädigt. 1x aussetzen!

Jetzt gib dem neuen Dino einen Namen!

_____

DICKSCHÄDEL

Findest du diese Dino-Vierergruppe in dem großen Dino-Feld wieder? ➡

Kopfsache

Dinosaurierschädel haben alle möglichen Formen und Größen. Manche hatten Stacheln, die der Verteidigung dienten. Andere waren so gebaut, dass der Dino damit Fleisch reißen oder Gegner stoßen konnte – oder auch nur angeben.

KEINE HALBEN SACHEN

Vervollständige den Tyrannosaurus Rex,
indem du die andere Hälfte seines Gesichts malst.

Ganz schön lang

Der Tyrannosaurus hatte einen 1,50 m langen Kopf und über 50 spitze Zähne. Einige waren 20 cm lang – länger als ein Bleistift.

DINO-DUOS

Hier sehen jeweils zwei Centrosaurier genau gleich aus.
Findest du die Paare?

Scharfe Spitzen

Der riesige Centrosaurus lebte wahrscheinlich in einer Herde. Sein Nasenhorn hatte unterschiedliche Formen – gerade, nach hinten gebogen oder nach vorn gebogen.

SAURIERSCHWARM

Wie viele Elasmosaurier zählst du in diesem Unterwasser-Wirrwarr?

Uups!

Als Wissenschaftler zum ersten Mal einen Elasmosaurus fanden, dachten sie, dass der lange Hals sein Schwanz wäre, und setzten seinen Kopf ans falsche Ende des Körpers!

DORNENECHSE

Male diesem Spinosaurus Krallen, Zähne, Stacheln,
ein Rückensegel und Hautmuster.

Der Größte an Land

Mit bis zu 18 m Länge war
der Spinosaurus der größte
Raubsaurier, der je an Land
lebte. Sein Rückensegel
wurde von Knochen
gestützt, die so groß wie ein
heutiger Mensch waren.

FISCHFANG

Hilf diesem Flugsaurier, 6 Fische zu fangen,
bevor er wieder an Land fliegt.

Start

Ziel

Langfinger

Die Flügel eines
Flugsauriers bestanden
aus Häuten, die sich
jeweils zwischen seinem
extrem langen Finger und
seinem Bein spannten.

AUF DER JAGD

Der Velociraptor ist auf der Jagd. Folge den Anweisungen, um herauszufinden, was er fängt.

Anweisung

Um das Ziel zu erreichen, gehe vom Startfeld jeweils die angegebene Zahl an Feldern in die angegebene Himmelsrichtung.

2W bedeutet z. B. 2 Felder nach Westen.

2O, 3S, 1W, 4S, 5O, 2S, 2O, 2S, 3O, 4N, 2W, 3N, 4W, 2N, 3O, 1N, 1O, 3S, 4W, 2N, 5W, 3S, 3S, 1O, 2S, 3O, 1N.

Start

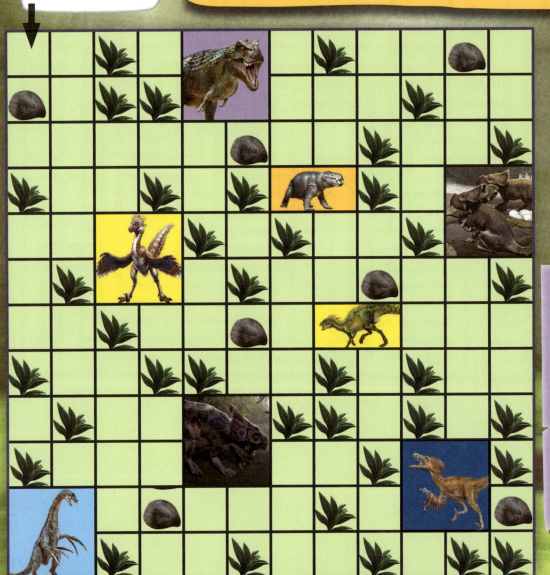

Der Renner

Velociraptor war ein Fleischfresser von 2 m Länge. Er konnte bis zu 64 km/h schnell rennen, dann setzte er zum Sprung an, um die Beute mit seinen scharfen Krallen zu greifen.

SCHATTENSPIEL

Welcher Schatten gehört zu diesem Styracosaurus?

Stachelechse

So groß wie ein Elefant, mit einem riesigen, stacheligen Nackenschild und einem Horn, bot der Styracosaurus einen furchterregenden Anblick. Dieser Dinosaurier lebte in Herden. Sein Schnabel ähnelte dem eines Papageis; damit rupfte er Farn ab, um ihn zu fressen.

FLUGROUTEN

Wenn du dem Pfad von jedem Flugsaurierschwanz folgst, erfährst du den jeweiligen Namen des Tieres.

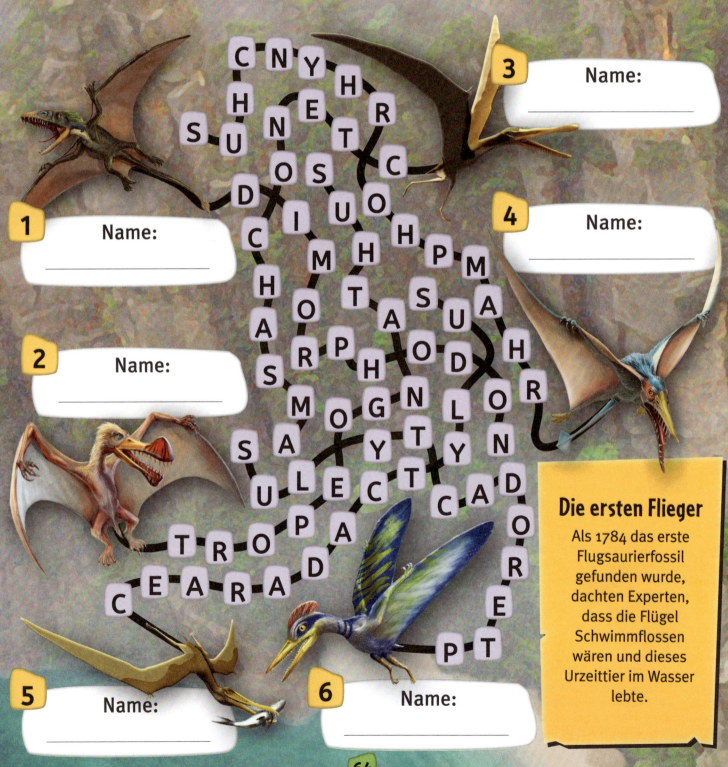

3 Name: _____

1 Name: _____

2 Name: _____

4 Name: _____

5 Name: _____

6 Name: _____

Die ersten Flieger

Als 1784 das erste Flugsaurierfossil gefunden wurde, dachten Experten, dass die Flügel Schwimmflossen wären und dieses Urzeittier im Wasser lebte.

SAMMEL-EI

Welche 10 Teile ergeben zusammengesetzt das Saltasaurus-Ei?

Dickhäuter

Der Saltasaurus war ein Schwergewicht und für Räuber keine leichte Beute. Er hatte eine dicke Haut, die mit Plättchen und Knöchelchen bedeckt war.

FANGFRISCH

Dieses Bild eines Suchomimus ist unvollständig. Weißt du, welche der unten abgebildeten Teile oben fehlen und wohin sie gehören?

Wasserläufer

Der Suchomimus war so groß wie ein Tyrannosaurus Rex, jagte aber Fische. Vermutlich fing er sie, indem er durchs Wasser watete und nach vorbei-schwimmenden Fischen schnappte.

KAMPF DER GIGANTEN

Findest du 10 Unterschiede zwischen diesen beiden Bildern, die einen Kampf zwischen einem Stegosaurus und einem Allosaurus zeigen?

Zahnersatz

Genau wie heutige Haie hatten große Raubsaurier wie Allosaurus und T-Rex ständig nachwachsende Zähne, sodass sie jederzeit zuschnappen konnten.

DA FEHLT NOCH WAS

Kannst du helfen, diesen T-Rex richtig zusammenzusetzen?
Dann ziehe eine Linie von den einzelnen Knochen zu der jeweiligen
Stelle im Skelett, an die sie gehören.

Ein Skelett namens Sue

Bislang wurde noch kein vollständiges
Skelett eines Tyrannosaurus gefunden, aber
von dem Exemplar mit dem Spitznamen Sue,
das im Field Museum von Chicago in den USA
zu sehen ist, sind immerhin über 90 Prozent
der Knochen erhalten.

MEERESUNGEHEUER

Verbinde die Punkte in der Reihenfolge der Zahlen,
um diesen Kronosaurus zu sehen.

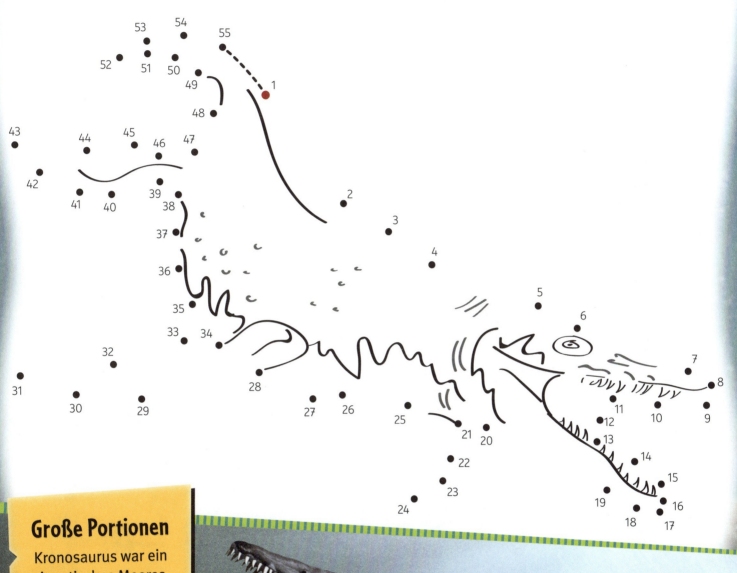

Große Portionen

Kronosaurus war ein
gigantisches Meeres-
reptil von 10 m Länge.
Seine Kiefer waren so
groß, dass er mit einem
Biss einen ganzen
Menschen hätte
verschlingen können.

VIERERFOLGE

Finde einen Weg ans Ziel, indem du dich immer an diese Dino-Reihenfolge hältst:

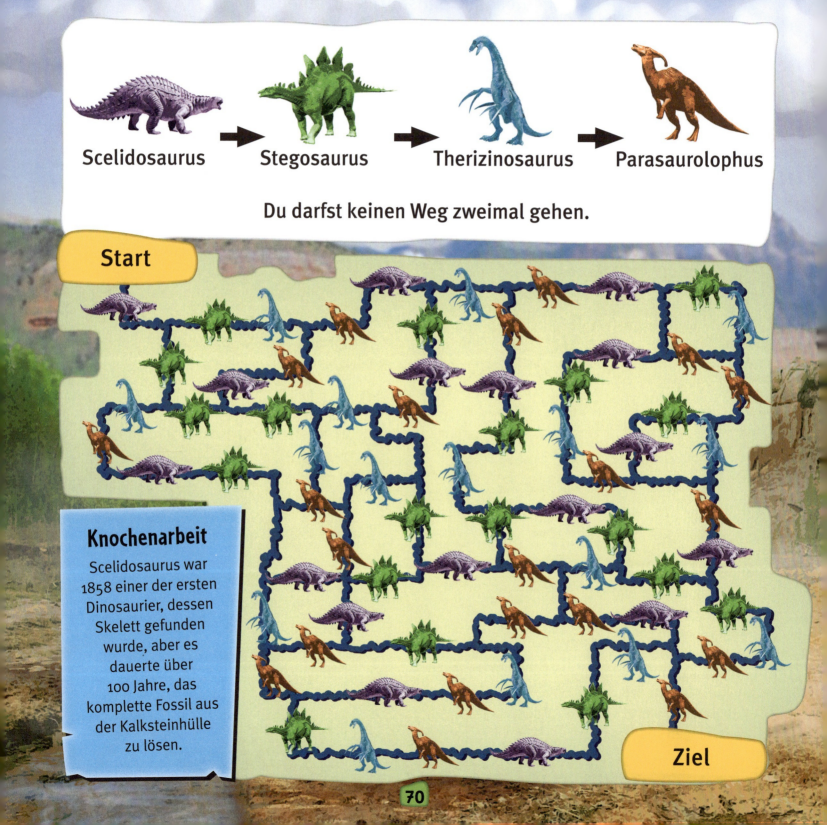

Scelidosaurus → Stegosaurus → Therizinosaurus → Parasaurolophus

Du darfst keinen Weg zweimal gehen.

Start

Knochenarbeit

Scelidosaurus war 1858 einer der ersten Dinosaurier, dessen Skelett gefunden wurde, aber es dauerte über 100 Jahre, das komplette Fossil aus der Kalksteinhülle zu lösen.

Ziel

IM TAL DER VULKANE

Findest du in diesem Bild eines Melanorosaurus
die 10 Details aus den Kreisen unten wieder?

Ausgelöscht

Am Ende des Trias-
Zeitalters vor etwa
200 Millionen Jahren
brachen viele Vulkane aus.
Sie setzten Gase frei, die
das Klima veränderten und
zum Aussterben vieler
Lebewesen führten, sodass
als größte Raubtiere der
Welt nur die Dinosaurier
übrig blieben.

GLIEDERFÜSSER AUS DER URZEIT

Male mithilfe des Rasters diesen Trilobiten ab.

Groß und klein

Trilobiten sind ausgestorbene Meereslebewesen, die mit den heutigen Krebsen verwandt sind. Sie lebten über 250 Millionen Jahre auf der Erde. Manche waren so klein wie ein Floh, andere wurden so groß wie eine Meeresschildkröte.

GLÜCKSFÄNGER

Welcher Baryonyx fängt den Fisch? Folge den verschlungenen Wegen, um es herauszufinden.

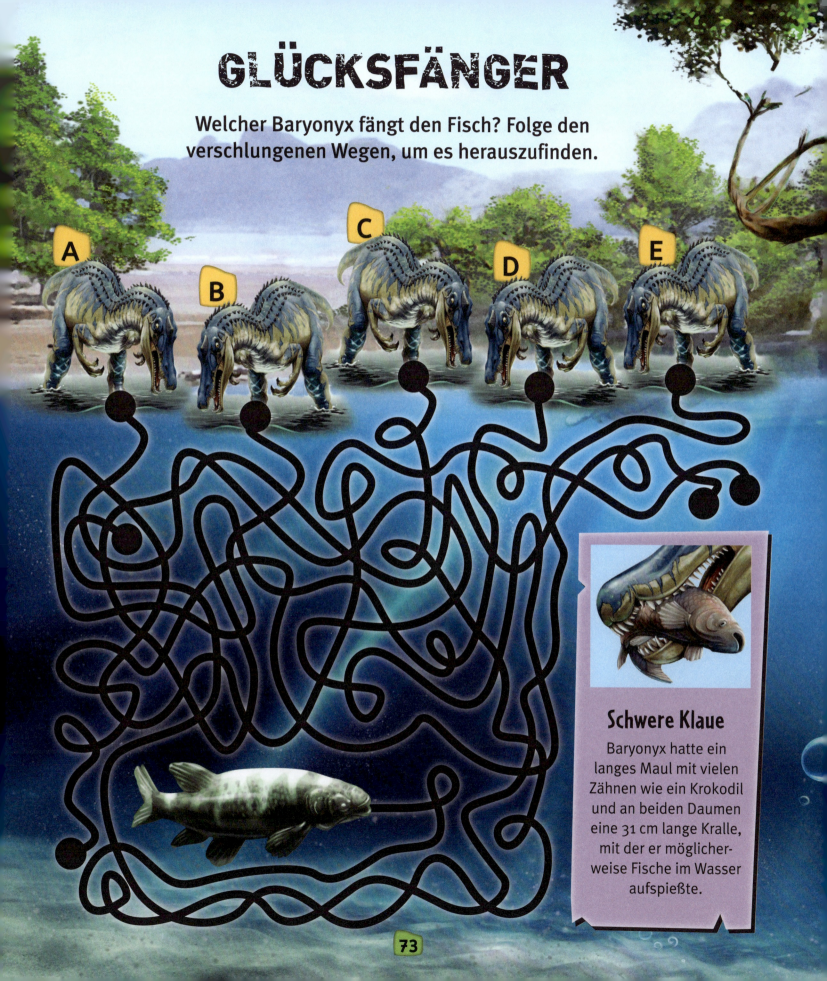

Schwere Klaue

Baryonyx hatte ein langes Maul mit vielen Zähnen wie ein Krokodil und an beiden Daumen eine 31 cm lange Kralle, mit der er möglicherweise Fische im Wasser aufspießte.

AUFGEDECKT

Male nur die Felder mit einem Punkt aus,
um den Urzeit-Schädel sichtbar zu machen.

Vor den Dinos

Dies ist der Schädel eines Euparkeria, eines kleinen Reptils und Vorfahren der Dinosaurier, der vor 245–230 Millionen Jahren lebte.

WER BIN ICH?

Führe diesen geheimnisvollen Dinosaurier durch das Labyrinth. Die Buchstaben, an denen er vorbeikommt, ergeben seinen Namen.

Start

Ziel

Dickköpfiger Dino

Dieser Dinosaurier hatte einen sehr dicken, helmartig gewölbten Schädel, den er vielleicht in Zweikämpfen einsetzte, so wie Schafböcke heute.

Der Dinosaurier heißt:

_____

DINO-AUFLAUF

Schau dir die am Bildrand aufgereihten Dinos an. Danach versuche,
sie in dem großen Bild wiederzufinden. Sechs fehlen – welche sind es?

Eoraptor

Ankylosaurus

Protoceratops

Allosaurus

Amargasaurus

Iguanodon

Heterodonto-saurus

Argentino-saurus

Rhampho-rhynchus

Gastonia

Pteranodon

Brachiosaurus

Stegosaurus

Minmi

Tyrannosaurus

Therizino-saurus

Parasaurolophus

Ceratosaurus

Zuniceratops

Dilophosaurus

Placerias

Dimorphodon

Tropeognathus

Scelido-saurus

Giganoto-saurus

Mamenchi-saurus

Psittacosaurus

Saltasaurus

Triceratops

Spinosaurus

Tuojiangosaurus

T-REX-DOUBLE

Findest du 12 Unterschiede zwischen diesen beiden T-Rex-Bildern?

Ganz grün?

Früher wurde Tyrannosaurus immer ganz in grün mit schuppiger Haut dargestellt. Heute gehen Experten davon aus, dass seine Haut in verschiedenen Farbtönen gemustert war.

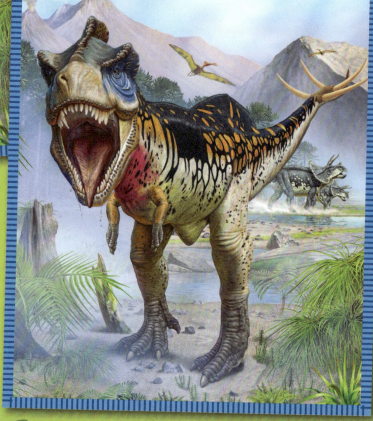

AUFGEMALT

Male den Diplodocus über das Skelett und seinen Kopf über den Schädel.

Einer der Längsten

Diplodocus hatte wahrscheinlich Stacheln auf seinem Rücken. Seine Hinterbeine waren länger als die vorderen, sodass er sich möglicherweise auf zwei Beine stellte, um Blätter von hohen Bäumen zu fressen.

WASSERWEG

Hilf den Eoraptoren, einen Weg über das Wasser zu finden.
Sie müssen aber der schwarzen Linie folgen und
dürfen nur auf gerade Zahlen treten.

Früher Flitzer

Einer der ersten Dinosaurier, Eoraptor, war
ein schnelles Raubtier so groß wie ein Hund.
Er hatte rasiermesserscharfe Zähne und
Krallen an den drei längsten Fingern.

45 — 26 — 28 — 44

49 32 14 — 85 34 62

Start ➡ 2 — 16 — 20 — 67 69 66 61 18

13 — 18 — 56 34 — 38 — 53 92 — 72 6

22 — 44 6 27 24 — 18 — 6 5 14 2

12 — 75 12 86 30 84 — 94 24 54

23 16 — 67 12 — 52 21 8 32 63 — 12

38 65 3 74 — 10 — 36 76 — 24

Ziel

SUPERSUMMER

Wie viele Libellen zählst du auf diesem Bild?

Riesenlibelle

Meganeura war wahrscheinlich das größte fliegende Insekt überhaupt. Es sah aus wie eine Libelle, hatte aber eine Flügelspannweite von 75 cm.

SCHÖNE SCHALEN

Diese Ammoniten sind alle unterschiedlich – bis auf zwei.
Findest du das Zwillingspaar?

In der Schwebe

Ammoniten sind ausgestorbene Meereslebewesen, die mit Tintenfischen verwandt sind. In ihrem Gehäuse hatten sie mit Luft gefüllte Kammern, mit deren Hilfe sie im Wasser treiben konnten.

UNORDNUNG

Dieses Bild eines Spinosaurier-Angriffs ist in
15 Quadrate unterteilt, die durcheinander geraten sind.
Kannst du sie wieder richtig zusammensetzen?

Schreibe die passenden Zahlen in die Quadrate.

14	9			
		13		
	15			5

Rückensegel

Spinosaurus hatte ein großes Segel auf seinem Rücken, das von Knochen gestützt wurde. Wissenschaftler glauben, dass es entweder nur Zierde war oder als Fettspeicher diente wie der Höcker beim Kamel.

SCHERENSCHNITTE

Welcher Schatten gehört zu diesem Therizinosaurus?

Gekrallt!

Therizinosaurus hatte an jeder Hand 1 m lange Krallen wie riesige Scheren. Vielleicht benutzte er sie als Waffen oder um hohe Zweige zu erreichen.

VIELFLIEGER

Vervollständige das Gitter so, dass alle vier Flugsaurier in jeder Reihe, jeder Spalte und jedem Vierer-Block genau einmal vorkommen.

Jäger der Lüfte

Flugsaurier waren fliegende Reptilien der Urzeit. Manche lebten an der Küste und stürzten sich von Klippen, um Fische zu fangen. Andere lebten in Wäldern und jagten Insekten.

LÖSUNGEN

Seite 3 FAMILIENTREFFEN

Seite 4 DINO-DOKU

Seite 5 GEFIEDERTE FREUNDE
Bild 2, weil dieser Caudipteryx keine Krallen an seinen Flügeln hat.

Seite 6 WO GEHT'S LANG?

Seite 7 UNHEIMLICHER UMRISS
Umriss 5.

Seite 8 STÜCKWERK
1I, 2E, 3D, 4H, 5J, 6G, 7F, 8A, 9B, 10C.

Seite 9 RIESENLABYRINTH

Seite 10 LEBEN IM SUMPF

Seite 11 KNOCHENKISTE

Es sind 24 Knochen.

Seite 12 DER NÄCHSTE, BITTE!

1. C. Die richtige Reihenfolge ist: blaues und lila fliegendes Reptil, blaues und lila fliegendes Reptil im Sturzflug, blaues und lila fliegendes Reptil usw.
2. A. Die richtige Reihenfolge ist: grüner und brauner langhalsiger Dino mit dem Gesicht zueinander, dieselben einander abgewandt, dann wieder einander zugewandt usw.
3. D. Es sind jeweils Spiegelbilder.
4. B. Die Reihenfolge ist jeweils ein blaues Meeresreptil, dann ein lila Saurier, dann ein grünes Meeresreptil, dann folgen jeweils die Spiegelbilder.

Seite 13 GEPUNKTETER DINO

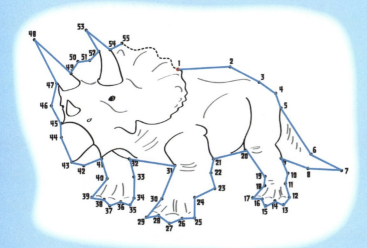

Seite 16 RÄTSELHAFTE KNOCHEN

1. Baryonyx,
2. Diplodocus,
3. Ankylosaurus,
4. Tyrannosaurus,
5. Eoraptor,
6. Massospondylus.

Seite 17 SCHAU GENAU!

Seite 18 FÜNF FREUNDE

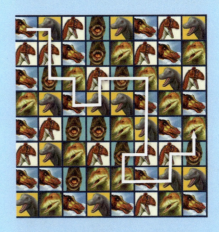

Seite 19 ZAHLENSPIEL

A. 5 (Die nächste Zahl ist jeweils um 3 geringer).
B. 16 (Addiere jeweils eine um eins größere Zahl, also $1 + 1 = 2$, $2 + 2 = 4$, $4 + 3 = 7$, $7 + 4 = 11$, $11 + 5 = 16$).
C. 7 (Subtrahiere 2, addiere 3, also $7 - 2 = 5$, $5 + 3 = 8$, $8 - 2 = 6$, $6 + 3 = 9$, $9 - 2 = 7$).
D. 12 (Addiere 4, subtrahiere 1, also $2 + 4 = 6$, $6 - 1 = 5$, $5 + 4 = 9$, $9 - 1 = 8$, $8 + 4 = 12$).

Seite 20 WER BIN ICH?

1. Chasmosaurus,
2. Tropeognathus,
3. Argentinosaurus,
4. Tarbosaurus,
5. Gastonia

Seite 22 SCHRECKEN DER MEERE

Die richtige Reihenfolge ist 4, 10, 9, 12, 3, 6, 2, 11, 8, 1, 5, 7.

Seite 23 GRÖSSENORDNUNG

Vom kleinsten zum größten:
I, B, F, A, C, D, E, J, G, H.

Seite 24 OBEN UND UNTEN

Seite 25 GROSSE AUFGABEN

Elasmosaurus	$24 + 3 - 20 - 2 = 5$
Giganotosaurus	$2 + 20 - 14 - 2 = 6$
Mosasaurus	$6 - 3 + 8 + 11 = 22$
Scutellosaurus	$13 + 9 - 2 - 10 = 10$
Quetzalcoatlus	$29 - 13 - 2 + 3 = 17$
Amargasaurus	$15 - 6 - 6 + 2 = 5$

Also ist Mosasaurus der größte.

Seite 26 FINDE DAS FOSSIL

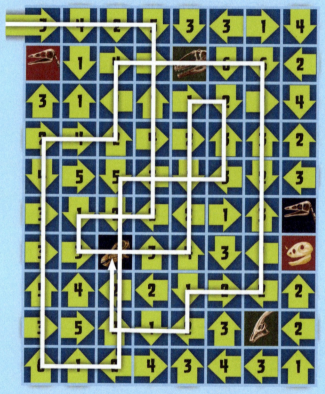

Seite 27 STEGOSAURUS-SCHATTEN

Umriss 5.

Seite 28 DINO-DURCHEINANDER

„Yacht Oper Exa" kann zu keinem der Dinosauriernamen umgestellt werden.

Seite 29 KNOCHENBANK

A. Die Reihenfolge ist: erst nach links, dann nach rechts blickender Schädel usw.

B. Die Kralle dreht sich jeweils im Uhrzeigersinn um ein Viertel.

C. Jeder Knochen wiederholt sich und wird um einen anderen Knochen ergänzt. Der erste Knochen wiederholt sich und ein anderer Knochen kommt hinzu, dann werden diese beiden Knochen wiederholt und ein dritter Knochen kommt hinzu usw.

D. Die beiden Füße zeigen nach innen, dann nach außen, dann wieder nach innen usw.

Seite 30 PTEROSAURIERPAARE
Die Paare sind 1 und 11, 2 und 8, 3 und 17, 4 und 12, 5 und 10, 6 und 14, 9 und 16, 13 und 15. Flugsaurier 7 hat keinen Zwilling.

Seite 32 MEERBRÜCKE

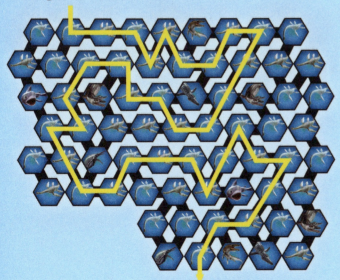

Seite 33 MEGA-MÜTTER
Zu Maiasaura gehört Nest C, zu Protoceratops Nest F, zu Saltasaurus Nest B, zu Oviraptor Nest D, zu Argentinosaurus Nest E, zu Pterodactylus Nest A.

Seite 34 IM DSCHUNGEL
A8, B7, C5, D12, E4, F2, G13, H14, I11, J1.

Seite 36 FOSSILIENPUZZLE
A18, B16, C4, D1, E17, F12, G11, H15, I3, J8, K10, L5, M7, N14, O2, P9, Q6, R13.

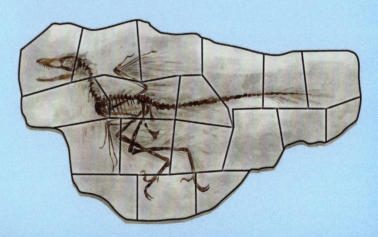

Seite 37 VIER GEWINNT

Seite 38 GESCHNAPPT!
Es sind 14 Shonisaurier.

Seite 39 LANGER HALS, LANGER NAME
Hier ein paar Wörter, die du gefunden haben
könntest: BAR, BUS, BUCH, BUSCH, HAAR, HASS,
UHR, AUCH, BAUCH, ICH, SAU, ROSA, BOSS, RAU,
SCHAR, ACH, CHOR, ARABISCH.

Seite 41 WIEDERENTDECKT

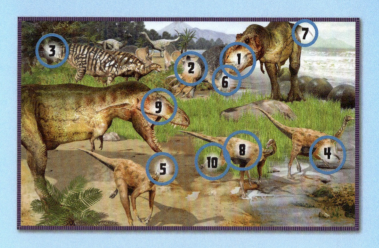

Seite 42 ORIGINAL UND FÄLSCHUNG

Seite 43 IM MUSEUM

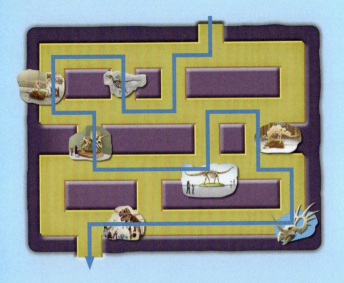

Seite 44 ANGRIFF AUS DER LUFT

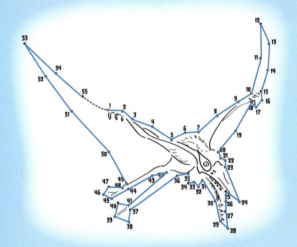

Seite 45 SPURENSUCHE

Seite 46 GEFUNDENES FRESSEN

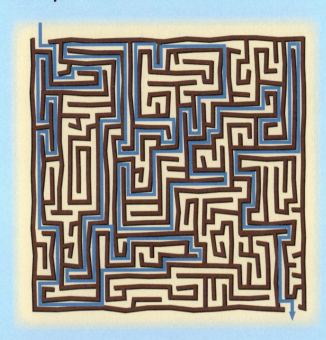

Seite 47 SUDOKU-SAURUS

Seite 48 DOPPELTER ÄRGER

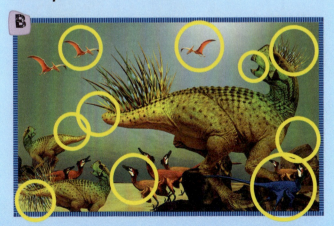

Seite 50 RECHENSPASS

A. 26 (Addiere jeweils eine um eins höhere Zahl, also 6 + 2 = 8, 8 + 3 = 11, 11 + 4 = 15, 15 + 5 = 20, 20 + 6 = 26).

B. 64 (Multipliziere die Zahl mit sich selbst, dann subtrahiere 1, also 2 · 2 = 4, 4 − 1 = 3, 3 · 3 = 9, 9 − 1 = 8, 8 · 8 = 64).

C. 18 (Ziehe 3 ab und addiere 10, also 7 − 3 = 4, 4 + 10 = 14, 14 − 3 = 11, 11 + 10 = 121, 21 − 3 = 18).

D. 9 (Rechne das Einmaleins rückwärts, 8 · 8 = 64, 7 · 7 = 49, 6 · 6 = 36, 5 · 5 = 25, 4 · 4 = 16, 3 · 3 = 9).

Seite 53 SPITZENPLATZ

Seite 56 DICKSCHÄDEL

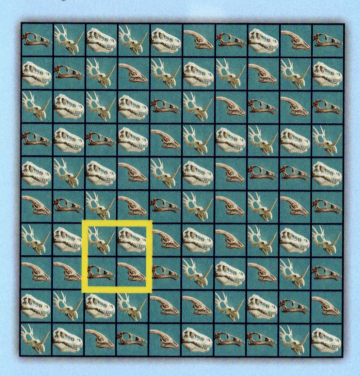

Seite 58 DINO-DUOS

Die Paare sind 1 und 6, 2 und 9, 3 und 11, 4 und 10, 5 und 7, 8 und 12.

Seite 59 SAURIERSCHWARM

Es sind 24 Elasmosaurier.

Seite 61 FISCHFANG

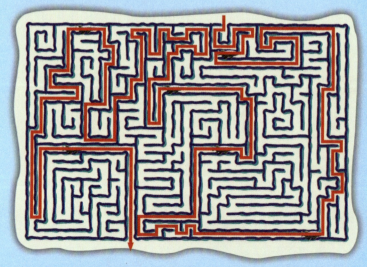

Seite 62 AUF DER JAGD
Der Velociraptor fängt einen Protoceratops.

Seite 63 SCHATTENSPIEL
Der passende Schatten ist die 11.

Seite 64 FLUGROUTEN
1. DIMORPHODON
2. TROPEOGNATHUS
3. CTENOCHASMA
4. RHAMPHORHYNCHUS
5. CEARADACTYLUS
6. PTERODACTYLUS

Seite 65 SAMMEL-EI
A2, B5, C3, D7, E6, F13, G9, H1, I12, J8.

Seite 66 FANGFRISCH
1G, 2D, 3L, 4B, 5H, 6N, 7E, 8F, 9M, 10I.

Seite 67 KAMPF DER GIGANTEN

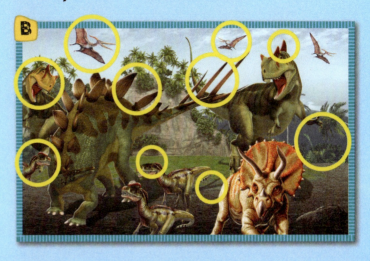

Seite 68 DA FEHLT NOCH WAS

Seite 69 MEERESUNGEHEUER

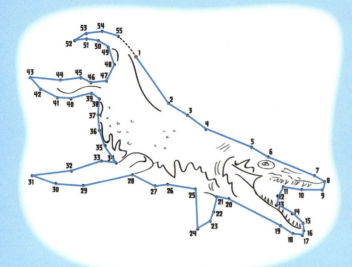

Seite 70 VIERERFOLGE

Seite 71 IM TAL DER VULKANE

Seite 73 GLÜCKSFÄNGER
Baryonyx E hat den Fisch gefangen.

Seite 74 AUFGEDECKT

Seite 75 WER BIN ICH?
Der Dinosaurier heißt PACHYCEPHALOSAURUS.

Seite 76 DINO-AUFLAUF
Die sechs fehlenden Saurier sind:

Protoceratops,

Amargasaurus,

Stegosaurus,

Saltasaurus,

Mamenchisaurus

und
Zuniceratops.

Seite 78 T-REX-DOUBLE

Seite 80 WASSERWEG

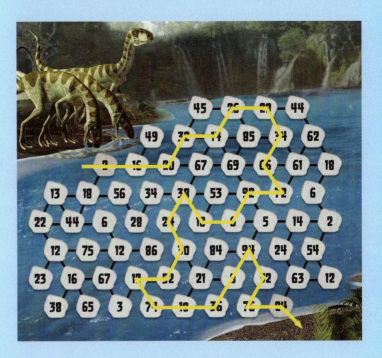

Seite 81 SUPERSUMMER

Es sind 24 Libellen.

Seite 82 SCHÖNE SCHALEN

Das Ammonitenpaar ist 3 und 9.

Seite 83 UNORDNUNG

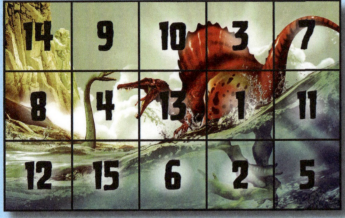

Seite 84 SCHERENSCHNITTE

Umriss 6.

Seite 85 VIELFLIEGER

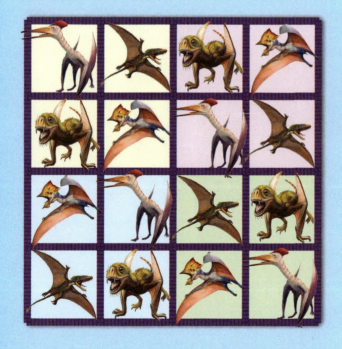